개구쟁이 수달은
무얼 하며 놀까요?

수·수·꽃·다·리는 우리 동물과 식물의 신기한 이야기를 재미있게 엮은 자연 관찰 도서 시리즈입니다.

수수 모양으로 꽃이 달리는 나무라는 뜻인 '수수꽃다리'는 아름다운 꽃내음으로 많이 알려져 있는
라일락의 순우리말입니다. 재능교육은 수수꽃다리의 꽃내음이 널리 퍼져 나가듯
자연을 사랑하는 마음이 우리 어린이들에게 널리 퍼져 나가길 바랍니다.

개구쟁이 수달은
무얼 하며 놀까요?

지은이 왕입분_ 글을 쓰신 왕입분 선생님은 자유기고가로 활동하면서 특히 어린이를 위한 도서와
정기간행물, 교재 등에 재미있고 유익한 글을 많이 기획하고 쓰셨습니다.

그린이 송영욱_ 그림을 그린 송영욱 선생님은 프리랜스 일러스트레이터로 여러 곳에 어린이를 위한
고운 그림을 많이 그리고 계십니다.

감 수 최재천_ 최재천 교수님은 이화여자대학교 생명과학전공 석좌교수이시면서 이대 자연사 박물관의 관장도
함께 맡고 계십니다. 서울대학교 동물학과를 졸업하고 하버드대학에서 생물학 박사 학위를 받으신 후
서울대학교 생명과학부 교수로 일하셨고 《개미제국의 발견》, 《생명이 있는 것은 다 아름답다》, 《알이 닭을 낳는다》 등
다양한 책을 쓰시며 강연과 글을 통해 자연에 대한 사랑을 실천하고 계십니다.

펴낸날 2006년 1월 5일 초판 1쇄 발행, 2023년 2월 20일 개정 4판 12쇄 발행
펴낸곳 ㈜재능교육
펴낸이 박종우
찍은곳 ㈜재능인쇄
등록일 1977년 2월 11일 제5-20호
주 소 서울시 종로구 창경궁로 293
전 화 02-744-0031, 1588-1132
팩 스 02-6716-8158
홈페이지 www.jeibook.com **블로그** blog.naver.com/jeibook **페이스북** facebook.com/jeibooks **인스타그램** @jei_book
ⓒ재능교육 2006 | Printed in Korea

이 책의 저작권은 ㈜재능교육에 있습니다. 저작권법에 의해
한국 내에서 보호를 받는 저작물이므로 무단전재나 복제를 금합니다.

ISBN 978-89-7499-419-8 74470, 978-89-7499-417-4 74470(세트)

＊잘못된 책은 바꾸어 드립니다.

 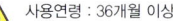 사용연령 : 36개월 이상
주의! 책의 모서리나 책장에 다치지 않도록 주의하세요.

차 례

 산에서

01 여우가 그렇게 꾀가 많나요?   8
02 토끼의 눈은 왜 빨간 걸까요?   10
03 너구리의 머리가 나쁘다고요?   12
04 곰은 꿀만 먹고사나요?   14
05 멧돼지는 정말 흙탕물로 목욕을 하나요?   16
06 다람쥐는 왜 쉬지 않고 딱딱한 걸 갉아 댈까요?   18
07 박쥐는 왜 거꾸로 자나요?   20
08 뻐꾸기는 정말 남의 둥지에 알을 낳는 얄미운 새인가요?   22
09 딱따구리는 왜 나무를 마구 쪼아 댈까요?   24
10 알이 아니라 새끼를 낳는 뱀이 있다고요?   26
11 멋진 하늘소가 정말 숲을 해치나요?   28
12 늘 푸른 소나무도 잎이 떨어지나요?   30
13 단풍나무가 빨갛게 물이 드는 이유는 뭔가요?   32

14	대나무는 왜 속이 **비어** 있나요?	34
15	**버섯**마다 좋아하는 나무가 따로 있나요?	36
16	고사리는 어떻게 꽃이 없어도 **씨앗이** 생기나요?	38
17	도라지는 정말 **감기를** 낫게 해 주나요?	40
18	옛날에는 진달래를 **먹었다고요?**	42
19	할미꽃은 정말 **무덤가**에 피나요?	44

계곡에서

20	다슬기의 별명이 냇가의 **청소부**라고요?	48
21	가재는 항상 **뒤로만** 걷나요?	50
22	금강모치는 정말 **우리나라**에서만 사나요?	52
23	도롱뇽을 보고 어떻게 **날씨를** 알 수 있나요?	54
24	개구쟁이 수달은 **무얼 하며** 놀까요?	56
25	원앙은 부부가 **항상 함께** 다니나요?	58
26	반딧불이가 **깜빡깜빡** 빛을 내는 이유는 뭔가요?	60
27	이끼는 정말 **물을** 좋아하나요?	62

여우·토끼·너구리·곰·멧돼지
다람쥐·박쥐·뻐꾸기·딱따구리
살무사·하늘소·소나무·단풍나무
대나무·버섯·고사리·도라지
진달래·할미꽃

산.에.서.

01
여우가 그렇게 꾀가 많나요?

네, 맞아요. 여우는 아주 영리한 동물이에요.
죽은 척하거나 아픈 척해서 호기심 많은 꿩이나 토끼를 사냥하기도 하고, 물풀을 뒤집어쓰고 오리에게 다가가 잡아먹기도 하지요.
게다가 사냥개도 아주 잘 따돌려요.
어떻게 따돌리느냐고요? 갑자기 옆으로 2~3미터씩 비껴 뛰기도 하고, 시내를 건너거나 나무 위로 올라가 냄새의 흔적을 끊어 버리기도 해요.
또 더러운 거름통에 발을 담가 냄새를 감춰 버리기도 한대요.

02 토끼의 눈은 왜 빨간 걸까요?

토끼의 빨간 눈을 보고 깜짝 놀란 적이 있다고요?
하지만 모든 토끼의 눈이 빨간색인 건 아니에요. 검은색 눈을 가진
토끼도 있답니다. 대개 흰색 털을 가진 토끼의 눈이 빨간색인 경우가
많은데, 그 이유는 바로 색소(색을 띤 물질) 때문이에요.
동물의 털은 몸에 어떤 색소를 가지고 있느냐에 따라 색이 달라지는데,
색소를 가지고 있지 않은 동물의 털은 흰색을 띠게 되지요.
그렇기 때문에 눈에도 색소가 없는 흰색 토끼는 눈 안쪽에 있는
빨간색 피가 그대로 보여 눈이 빨갛게 보이는 거예요.

03 너구리의 머리가 나쁘다고요?

너구리는 여우와 비슷하게 생겼지만 여우보다 다리와 꼬리가 짧고 몸이 더 통통해요. 그래서 여우에 비해 둔해 보이죠. 그 때문에 사람들은 너구리를 아주 둔하고 머리가 나쁜 동물로 생각해요. 하지만 실제로 너구리의 머리가 다른 젖먹이 동물들에 비해 나쁜 건 아니에요. 너구리도 적을 만나면 몸집이 커 보이게 하려고 털을 잔뜩 부풀리거나, 사냥꾼을 만나면 여우처럼 죽은 척할 만큼 꾀를 부리기도 한답니다.

04 곰은 꿀만 먹고 사나요?

그렇지는 않아요. 우리나라에 사는 반달가슴곰과 불곰은 뭐든지 잘 먹는 편인데, 그 중에서도 꿀을 무척 좋아하는 것 뿐이에요. 반달가슴곰은 도토리, 머루, 다래, 산딸기 같은 열매는 물론 나무의 어린 싹이나 뿌리를 주로 먹는데, 벌레, 새의 알, 가재나 작은 물고기 등도 잘 먹어요.

불곰의 경우는 식물의 뿌리나 열매, 곤충이나 물고기와 같은 먹이뿐만 아니라 노루나 멧돼지 새끼같이 제법 큰 동물도 잡아먹는대요. 또, 먹다가 남은 고기를 낙엽 등으로 덮어 두고 썩혀서 먹기도 한답니다.

05 멧돼지는 정말 **흙탕물**로 목욕을 하나요?

멧돼지는 집에서 기르는 돼지들의 조상이에요. 하지만 집돼지와는 달리 주둥이가 매우 길고 목이 짧으며, 날카롭고 단단한 송곳니가 밖으로 나와 있어요.

멧돼지는 보통 이끼, 버섯, 나무 뿌리, 고구마, 개구리, 들쥐 등을 먹고사는데, 주로 코로 흙을 파헤치며 먹이를 찾아요. 그러다 보니 흙이 자주 묻게 되지요.

멧돼지는 이 흙과 몸에 붙은 기생충들을 털어 버리기 위해
흙탕물 속에서 목욕을 하는 거랍니다.
흙이 마른 후 나무나 바위에 몸을 비비면 흙과 함께
기생충이 떨어져 나가거든요.

06 다람쥐는 왜 쉬지 않고 딱딱한 걸 갉아 댈까요?

다람쥐처럼 쥐 무리에 속하는 동물들은 이빨이 계속해서 자란답니다. 때문에 이빨을 닳게 하기 위해서 쉬지 않고 나무를 잘게 물어뜯거나 딱딱한 열매를 갉아먹는 것이죠. 그래서 다람쥐가 좋아하는 먹이도 도토리, 밤, 땅콩, 호두, 잣과 같이 껍질이 딱딱한 열매예요. 하지만 가끔은 채소의 싹을 잘라 먹기도 하고 곤충을 잡아먹기도 한대요.
가을이 되면 다람쥐는 겨울잠을 위해 많은 먹이를 먹어 두어요. 남은 먹이는 땅속에 먹이 창고를 만들어 감춰 두고는 배고플 때마다 꺼내어 먹으며 겨울을 나지요.

07 박쥐는 왜 거꾸로 자나요?

그건 똑바로 서서는 자신의 몸무게를 지탱하지 못하기 때문이에요. 박쥐의 발톱은 갈고리 모양으로 동그랗게 구부러져 있어서 거꾸로 매달려 자기에 편하게 되어 있어요. 그래서 박쥐는 겨울잠을 잘 때에도 거꾸로 매달려 잔다고 해요.
또 한 가지, 박쥐는 하늘을 날지만 새는 아니에요. 새끼를 낳아 젖을 먹이는 젖먹이 동물에 속하지요. 재미있게도 어미 박쥐는 새끼를 낳을 때에도 거꾸로 매달려서 낳는대요.

08 뻐꾸기는 정말 남의 둥지에 알을 낳는 얄미운 새인가요?

'뻐꾹뻐꾹' 우는 뻐꾸기는 다른 새들과는 달리 새끼를 키울 둥지를 짓지 않는대요. 때까치, 할미새, 지빠귀 등의 어미새가 둥지를 지어 놓으면 그곳에 몰래 알을 낳고 도망을 가지요. 둥지를 지은 어미새는 뻐꾸기 알을 자기가 낳은 알인 줄 알고 정성껏 품어 주어요. 그런데 알에서 깨어난 뻐꾸기 새끼는 어미새의 알과 새끼들을 모두 둥지 밖으로 밀어 떨어뜨린다지 뭐예요.
더 가슴 아픈 건 어미새가 자기 몸보다 몇 배나 큰 뻐꾸기 새끼를 자기 새끼라고 생각하고 끝까지 기른다는 거지요.

09 딱따구리는 왜 나무를 마구 쪼아 댈까요?

그건 벌레도 잡아먹고 나무에 구멍도 뚫기 위해서예요.
딱따구리는 단단한 부리로 나무 껍질 아래 숨어 있는 벌레를
잡아먹기도 하고 나무에 구멍을 뚫어서 둥지로 쓰기도 하지요.
그럼 딱따구리는 나무를 괴롭히는 새냐고요? 천만에요.
오히려 벌레를 잡아 주어 나무가 병드는 것을 막아 주는
고마운 새랍니다.

딱따구리란 이름도 나무를 쪼을 때에 나는
'딱딱' 소리 때문에 붙여진 거예요. 이 소리로
나무 속에 벌레가 있는지 알아보기도 하고,
적이 가까이 오지 못하게도 한대요.

10 알이 아니라 **새끼를** 낳는 뱀이 있다고요?

파충류인 뱀은 대부분 알을 낳지만, 개나 고양이 같은
젖먹이 동물처럼 새끼를 낳는 뱀도 있어요. 그 중,
제일 유명한 게 바로 살무사예요. 그런데 살무사도
어미 뱃속에 있을 때는 다른 뱀들처럼 알 속에 들어 있어요.
그러다 태어날 때가 되면 우선 뱃속에서 알을 깨고 나온 뒤
그 다음 어미 몸 밖으로 나오는 거죠.
살무사는 새끼로 태어나긴 하지만 알 속에 있으면서 그 안에 있는
영양분을 먹으며 자라기 때문에 우리처럼 배꼽은 없답니다.

11
멋진 하늘소가 정말 숲을 해치나요?

안타깝게도 맞아요.
하늘소는 몸집이 크고 생김새가 멋진 곤충이지요.
우리나라에는 300여 종류의 하늘소가 살고 있는데,
대부분 식물의 줄기나 뿌리에 큰 해를 입힌다고 해요.
하늘소 중에서도 '장수하늘소'는 천연기념물로 정해진
아주 귀한 곤충이기 때문에 나무나 숲에 피해를 입힌다고 해도
함부로 잡을 수가 없어요.
장수하늘소는 하늘소 무리 중에 가장 몸집이 큰데,
그 때문에 잘 날지도 못하고, 뒤뚱거리거나 균형을 잃어
나무에서 떨어지기도 한답니다.

12 늘 푸른 소나무도 잎이 떨어지나요?

소나무가 늘 푸를 수 있는 건 모두 바늘잎 덕분이에요.
잎이 바늘과 같이 날카롭고 좁기 때문에 다른 나무들처럼
잎을 떨구지 않고도 추운 겨울을 날 수 있는 것이죠.
하지만 그렇다고 소나무에서 낙엽이 전혀 떨어지지 않는 건
아니에요.

소나무도 주변 환경의 변화에 따라 잎의 수를 줄이기도 하고
늘이기도 하거든요.
다만 그 양이 매우 적기 때문에 낙엽이 떨어지지 않는 것처럼
보일 뿐이랍니다.

13 단풍나무가 **빨갛게** 물이 드는 이유는 뭔가요?

그건 바로 단풍잎 속에 들어 있는 색소 때문이에요.
대부분의 식물들이 다 그러하듯 단풍나무도 잎 속에
노란색, 빨간색, 초록색 등 여러 가지 색소를 가지고 있어요.
하지만 봄부터 늦여름까지는 초록색을 내는 색소가
다른 색소보다 훨씬 많다 보니 다른 색은 잘 나타나지 않아요.
그러다 가을이 되어 날씨가 서늘해지고 해가 짧아지면
초록색 색소들이 많이 파괴되고 붉은색 색소가 더 많이
만들어지게 돼요. 그래서 단풍나무는 가을이 되면
빨간색으로 옷을 갈아입게 되는 것이죠.

14 대나무는 왜 속이 비어 있나요?

대나무는 나무처럼 보이지만 사실은 벼, 보리와 같이 속이 비어 있는 풀에 속해요.
대나무의 속이 비어 있는 건 대나무가 자라는 속도가 매우 빠르기 때문이에요.
줄기의 벽은 아주 빠르게 늘어나는 반면 속은 그렇지가 못해서 결국 속이 비게 된 것이죠. 대나무는 보통 하루에 몇십cm씩 자라는데, 무려 50cm나 자라는 것도 있대요.
때문에 죽순(대나무의 땅속줄기에서 돋아나는 어린싹)이 나고 일정한 높이로 자라는 데에는 두 달이 채 안 걸린답니다.

15 버섯마다 좋아하는 나무가 따로 있나요?

버섯은 다른 식물들처럼 햇빛을 받아서 스스로 양분을 만들지
못해요. 그래서 대부분 죽은 나무의 양분을 먹고 자라지요.
그런데 버섯마다 좋아하는 나무가 다르다고 해요.
표고버섯은 참나무에 속하는 밤나무나 서어나무를 좋아하고,
느타리버섯은 버드나무나 사과나무, 뽕나무, 아까시나무를
좋아해요. 그리고 숲 속의 다이아몬드라 불리는 송이버섯은
20~60년 된 살아 있는 소나무에서만 자라지요.
그래서 이름도 송이버섯이에요.

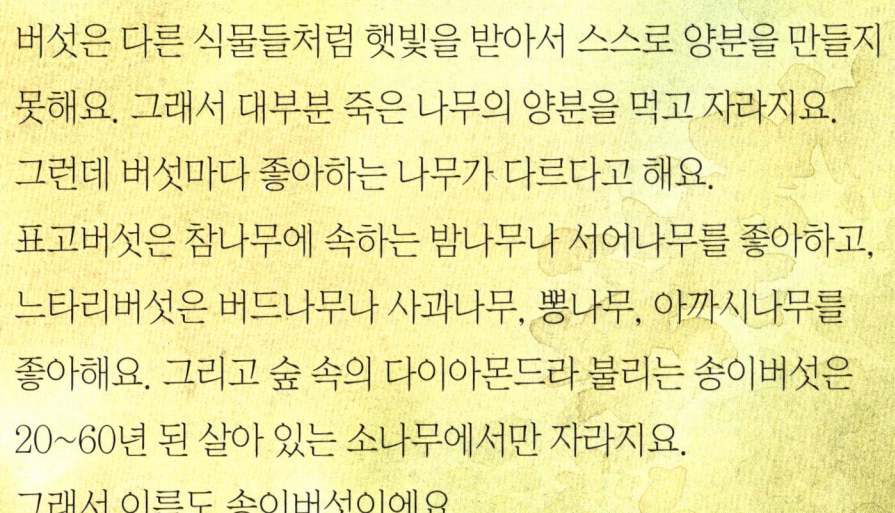

16 고사리는 어떻게 꽃이 없어도 **씨앗이** 생기나요?

고사리는 주로 숲 속의 그늘지고 축축한 곳에서만 자라는
풀이에요. 꽃은 피지 않고 대신에 잎 뒤쪽에 생긴 홀씨가
바람을 타고 날아가서 멀리 떨어진 곳에 싹을 틔우죠.
장마가 끝난 뒤 고사리 잎을 보면 뒷면에 붉은색의
둥근 열매처럼 생긴 것이 보이는데, 이것이 바로
고사리의 홀씨 주머니예요.
홀씨 주머니는 보통 5~6월경에 만들어지는데, 장마가 끝나는
8월이 되면 홀씨들은 바람을 타고 훨훨 날아가게 되지요.

17 도라지는 정말 감기를 낫게 해 주나요?

도라지는 쓴맛이 나긴 하지만 몸에 아주 이로운 채소이자
약초입니다. 봄이나 가을에는 그 뿌리를 캐어 나물로 먹거나
약으로도 썼지요. 그런데 도라지는 인삼과 생김새만 같은 것이
아니라 약효도 매우 비슷하다고 해요. 그래서 첫째가 인삼,
둘째가 더덕, 셋째가 도라지라는 말도 생겼지요.
이렇게 몸에 좋은 도라지는 쌉싸름한 향을 내는 성분이
기침을 멎게 해 주기 때문에 특히 감기에 효과가 아주 좋답니다.

인삼

더덕

도라지

18 옛날에는 진달래를 먹었다고요?

그럼요. 옛날에는 진달래를 따서 음식을 만들어 먹기도 했는걸요.
음력 3월 3일(삼짇날)은 봄을 알리는 우리나라의 명절인데,
이날 옛사람들은 진달래를 따다가 전을 부쳐 먹으며
함께 어울려 놀았어요. 이것을 '진달래꽃전'이라고 하지요.
또 진달래로 기름을 짜기도 하고 나물을 무쳐서 먹기도 했대요.
어린아이들은 진달래를 꺾어 꽃방망이를 만들기도 했어요.
꽃방망이는 꽃가지 여러 개를 꺾어 긴 꼬챙이에 둥글고 길게
둘러 묶어 가지고 노는 것을 말해요. 이것을 '꽃놀이'
또는 '화전놀이'라고 불렀답니다.

19 할미꽃은 정말 무덤가에 피나요?

네, 할미꽃은 추운 곳을 싫어하기 때문에 낮은 산, 특히 양지 바른 무덤가에서 잘 자라요. 또한 무덤을 단단히 다지기 위해 뿌리는 '석회가루'는 할미꽃을 더 잘 자라게 해 준대요.
할미꽃의 꽃대(꽃이 나는 줄기)는 꽃봉오리 때에는 곧게 자라다가 꽃이 피면서 꼬부랑 할머니처럼 구부러져요.

그리고 꽃이 시들면 꽃대 위에 할머니의 흰 머리카락처럼
길고 흰털을 가진 씨가 많이 맺히지요.
왜 할미꽃이라고 부르는지 짐작이 가지요?

계.곡.에.서.

다슬기 · 가재
금강모치 · 도롱뇽 · 수달
원앙 · 반딧불이 · 이끼

20
다슬기의 별명이 냇가의 **청소부**라고요?

다슬기는 물이 깊고 물살이 센 곳의 바위틈에 모여 살아요. 주로 돌에 붙은 이끼나 물벼룩 등을 먹고사는데, 물고기들의 똥이나 시체, 먹다 남은 찌꺼기 등도 가리지 않고 잘 먹는대요. 그래서 '냇가의 정화조'라는 별명을 갖고 있어요. 이를테면 청소부 역할을 하는 거지요. 정화조가 뭐냐고요? 정화조는 똥이나 오줌 같은 더러운 것들을 깨끗하게 걸러 주는 장치를 말한답니다.

21
가재는 항상 뒤로만 걷나요?

뒤로 걷는 걸음을 '가재걸음'이라고 하지요? 그렇지만 가재가 뒷걸음질만 하는 건 아니에요. 가재는 집게 다리를 위로 쳐들고 짧은 여덟 개의 다리로만 걸어 다니는데, 앞과 뒤는 물론 옆으로도 움직일 수 있어요. 그럼 왜 그런 말이 생겨난 것일까요? 그건 바로 가재가 위험에 처했을 때에 몸을 뒤로 튕겨서 재빠르게 도망치기 때문이에요. 잡으려고 하면 뒤로 도망치는 가재를 보고 사람들이 가재가 뒤로만 걷는다고 오해한 것이랍니다.

22 금강모치는 정말 우리나라에서만 사나요?

금강모치는 작고 날씬한 몸매에 큰 눈을 가진 아름다운 물고기예요. 등쪽에 흩어져 있는 은빛과 금빛의 점들이 햇살에 반짝거리는 모습은 정말 아름답지요.
금강모치란 이름은 금강산 계곡에서 제일 먼저 발견되었다고 해서 붙여진 거예요. 북한에서는 '금강뽀돌개'라는 재미있는 이름으로 부르기도 하지요.
금강모치는 물이 아주 맑고 차가운 계곡에서 사는데, 특히 바닥에 자갈이 많이 깔려 있는 곳을 좋아한대요. 이렇게 아름다운 물고기가 오직 우리나라에서만 산다니 정말 행복한 일이지요?

23 도롱뇽을 보고 어떻게 날씨를 알 수 있나요?

신기하게도 도롱뇽의 알을 보고 그 해에 비가 많이 올지, 적게 올지를 미리 알 수 있다고 해요. 도롱뇽 알은 투명하고 젤리처럼 말랑말랑하기 때문에 바위나 나뭇가지 등에 잘 붙어요. 그런데 도롱뇽의 알이 어딘가에 붙어 있으면 그 해엔 장마가 진다고 해요. 장맛비에 알들이 떠내려가는 걸 막기 위해 붙여 놓은 것이기 때문이죠. 반대로 알들이 어느 곳에도 붙어 있지 않으면 그건 가뭄이 든다는 뜻이에요. 가뭄이 들면 물이 줄어들어 알이 떠내려갈 걱정이 없으니까요. 그래서 옛날에는 농사를 짓기 전에 도룡뇽이 알을 낳아 놓은 곳을 보러 다니기도 했대요.

24 개구쟁이 수달은 무얼 하며 놀까요?

수달은 물을 무척 좋아해요. 그래서 주로 산골짜기 계곡이나 강가에서 살지요. 그렇다고 물속에 집을 짓는 건 아니에요. 수달은 숨을 쉬어야 하기 때문에 물속에 오래 있을 수 없거든요. 그래서 보통 바위나 나무 뿌리 밑에 저절로 난 구멍에 보금자리를 마련하지요.

수달의 집에는 몇 개의 구멍이 있는데, 바깥으로 드나드는 구멍은 물가 쪽으로 나 있다고 해요. 그래서 물로 드나들기가 아주 편리하지요. 또한 집 위쪽에는 나무 뿌리나 돌 밑으로 숨을 쉬기 위한 공기 구멍을 내어 놓는다고 해요.

25 원앙은 부부가 항상 함께 다니나요?

많은 사람들이 원앙 부부는 항상 함께 다닌다고 생각해요. 원앙의 수컷이 워낙 암컷을 사랑하기 때문에 밤낮으로 암컷을 떠나지 않는다고 알려져 있기 때문이죠. 하지만 이것은 잘못된 생각이에요. 사람들 눈에는 같은 암컷과 수컷끼리 항상 같이 있는 것처럼 보이지만, 사실 한 쌍의 원앙은 그 상대가 자주 바뀐답니다. 알고 보면 수컷은 짝짓기가 끝나면 바로 다른 암컷을 찾아다닌대요. 원앙은 암컷보다 수컷이 훨씬 화려한 깃털을 가졌는데, 아름다운 수컷일수록 암컷에게 인기가 많다고 해요.

26 반딧불이가 깜빡깜빡 빛을 내는 이유는 뭔가요?

반딧불이는 반디, 반딧불, 개똥벌레라고도 부르는데, 꽁무니에서 예쁜 빛을 내지요. 그런데 그 빛은 열이 없는 차가운 빛이라고 해요.

반딧불이가 빛을 내는 이유는 바로 짝짓기를 하자는 신호를 보내기 위해서예요. 밤에 수컷이 날아다니며 신호를 보내면, 땅이나 풀 위에 있던 암컷이 그것을 보고 대답하여 빛을 내지요. 초여름에서 늦여름까지 여름밤을 수놓는 반딧불이는 예전에는 우리나라의 어디에서든 볼 수 있었다고 해요. 하지만 지금은 환경 오염 때문에 보기 어려워졌다니 안타까운 일이에요.

27 이끼는 정말 **물을** 좋아하나요?

이끼는 그늘지고 축축한 흙이나 바위, 큰 나무 줄기 등에
붙어서 사는 초록색의 작은 식물이에요.
물속에서 살던 녹색말이 땅 위로 올라와 살게 된 것이라고 하는데,
지금도 물이 없는 곳에서는 살 수가 없어요.
그렇다 보니 햇빛이 잘 들지 않는 곳에 주로 살지요.
이끼는 자기 몸속에 물을 담아 두는 능력도 아주 뛰어난데,
특히 물이끼는 자기 몸무게의 무려 15~20배 가량의 물을
몸속에 담아 둘 수 있다고 해요.
어때요, 이끼는 정말 물을 좋아하지요?

책을 덮기 전에…

산과 계곡에서 아이와 함께 하면 좋은 놀이

이제 아이들은 산과 계곡(시내, 개울, 도랑 등)에 사는 생물들의 재미있고 신기한 이야기들로 자연에 대한 흥미가 한껏 북돋아졌을 거예요. 그렇다면 이제 자연으로 나가 자연과 친숙해질 수 있는 계기를 만들어 주세요.

- **나무 둘레 재어 보기** 커다란 나무를 직접 안아 보거나 한 뼘, 두 뼘 재어 보며 자연을 느끼게 해 주세요. 집에 돌아와 자로 그 길이를 재어 주고 나이테 이야기를 들려 주어도 좋아요.

- **나뭇잎 가면 쓰기** 커다란 나뭇잎에 눈, 코, 입 구멍을 뚫어 가면을 만들어 보세요. 그 가면을 쓰고 엄마, 아빠와 함께 역할 놀이를 하면 아이의 사고력과 창의력도 쑥쑥 큰답니다.

- **나뭇잎 배 띄우기** 개울에 가서 아이와 함께 나뭇잎 배를 띄워 보세요. 위험한 곳이 아니면 누구 배가 더 멀리 가는지 함께 쫓아가 보는 것도 좋겠죠.

- **나뭇잎 스케치** 다양한 모양의 나뭇잎을 모아 종이 아래에 대고 색연필이나 크레파스로 색칠해 보게 하세요. 이때 이리저리 뻗은 잎맥도 함께 그리게 해 주세요. 관찰력은 물론 소근육 발달에 도움이 되지요.

- **벌레 관찰 놀이** 아이가 무서워하지 않는 벌레를 팔뚝에 놓고 움직임을 느끼게 해 주세요. 만약 아이가 무서워하면 돋보기 등을 준비해 자세히 들여다보게 해 주어도 좋아요.

- **눈 가리고 나무 찾기** 눈을 가리고 가서 나무를 만지고 느껴 보게 한 다음, 다시 제자리로 돌아와 그 나무를 찾아보게 하는 거예요. 나무를 만져 볼 때 힌트를 말해 주면 더 좋지요.